AF310902

GÉNÉALOGIE

DES SEIGNEURS DE LA FURJONNIERE,

DU SURNOM DE LE JEUNE, (a)

EN ARTOIS ET EN ANJOU;

BRANCHE DE LA MAISON DE CRÉQUY (b).

Les Armes font de Gueules au Créquier d'Argent, & fur la premiere feuille du Créquier à droite un petit Ecuſſon auſſi d'Argent à deux Faſces de Sable.

LA Maiſon de Créquy, illuſtre par ſa haute ancienneté, ne l'eſt pas moins par ſes alliances & les dignités dont elle a été décorée. Ses Armes font un Créquier.

Les anciennes (c) Généalogies lui donnent pour prémiére tige ARNOUL Sire de Créquy, dit le *Vieil* ou *le Barbu*, qui ſuivant la Morliére vivoit en 857.

RAMELIN, Sire de Créquy & de Freſſin, fonda en (d) 986 l'Abbaye de Ruiſſeauville.

ENGUERRAND de Créquy, Evêque de Cambray, fut nommé en (e) 1288 arbitre du différend qui s'étoit élevé pour le Duché de Limbourg entre le Duc de Brabant & le Comte de Gueldres.

JEAN V. Sire de Créquy & de Freſſin, étoit premier (f) Chambellan du Duc de Bourgogne, qui le fit Chevalier de ſon Ordre de la Toiſon d'Or en (g) 1430, lors de la création qu'il en fit à Bruges.

ANTOINE de Créquy fut créé (h) Cardinal en 1565.

JAQUES III. Seigneur de Heilly, dit *le Maréchal de Guyenne* (i), qui périt à la Bataille d'Azincourt en 1415, étoit auſſi de cette Maiſon, quoiqu'il n'en portât plus le nom ni les Armes. Il deſcendoit de Baudouin IV Sire de Créquy & de Freſſin, ſon cinquiéme ayeul, lequel eut deux enfans, Philippes & Eſthueil qui, ſelon l'uſage fort commun (k) alors dans les grandes Maiſons, quitterent le nom de leur pere, l'un pour celui de Heilly, l'autre pour celui

---

(a) (b) Voyez plus bas, pages 3 & 4, l'énoncé de deux Enquêtes des années 1478 & 1485, prodites en original.

(c) (d) Hiſt. des Grands Officiers de la Couronne, Tome VI. page 777.

(e) *Ibid.* page 780

(f) (g) *Ibid.* page 782.

(h) *Ibid.* page 785.

(i) *Ibid* page 776 & 777.

(k) La Roque (Traité de la Nobleſſe, page 328, Edition de Rouen 1710) obſerve que » le Roy Henry » II. rendit une Ordonnance à Amboiſe le 26 Mars 1555, portant deffenſes à tous Gentilshommes de changer » de nom & d'Armes, ſans avoir des Lettres de diſpenſes & permiſſion de Sa Majeſté, ſur peine d'être puni » comme fauſſaires & dégradés de tout dégré & privilége de Nobleſſe.

d'H. de Ser.

de Mareuil, & dont le premier se distingua encore des autres Branches par des Armes totalement différentes.

Celle (b) dont on va donner ici le détail historique, est également connue depuis plusieurs Siécles sous un nom différent du nom originaire ; mais elle a constamment conservé les Armes de la Maison, dont elle a seulement changé les couleurs d'Or au Créquier de Gueules, prenant de Gueules au Créquier d'Argent, à l'exemple d'un Enguerrand de Créquy, dit (c) *le Bégue*, (fils puîné de Jean II. Sire de Créquy), vivant en 1364, qui prit (d) le Créquier de Sable, & des Créquy de Remertenghes ou Rebretengues qui vers l'an 1376 portoient (e) d'Argent au Créquier de Sinople à la bordure engrêlée de Gueules. Rien n'étoit plus fréquent anciennement que ce changement de couleurs dans les armes, pour distinguer les cadets des aînés. C'étoit même, au rapport de Philippes-Jaques Spener (f), presque la seule maniére de briser qui fût autrefois usitée en Flandres. Cet Auteur dit (g) que Gilles de Mailly (qui vivoit en 1299) ordonna à trois de ses fils puînés, qu'il avoit eus de Jeanne d'Amiens sa femme, de briser leurs armes en changeant les couleurs de peur de les défigurer : les Maillets étant toujours pour les Mailly des Armes parlantes, de quelques couleurs qu'ils fûssent, comme le Créquier pour les Créquy. On ignore l'origine du petit Ecusson, *d'Argent à deux Fasces de Sable*, que les Seigneurs de la Furjonniére portent sur la prémiére feuille du Créquier à droite. Seroit-ce en mémoire de quelque alliance illustre ? Palliot (h) donne en effet ces Armes à la Maison d'Isambourg.

Vers l'an 1450 Jean le Jeune, 2°. auteur connu de cette (i) Branche, quitta l'Artois qui étoit alors sous la domination des Ducs de Bourgogne & s'attacha au service de France. Les biens qu'il y avoit laissés furent pillés & brûlés, ainsi qu'on le voit par des Lettres de Louis XI. en date du 7 Décembre (k) 1482, dont voici les propres termes :

» Loys, par la grace de Dieu Roy de France «, (&c.) » savoir faisons » que pour considération des bons & agréables services que nostre bien amé » Jehan le Jeune Escuier, natif de nostre Pays & Conté d'Artoys, nous a faiz » par cy devant et aussi à nostre très cher et amé filz & cousin le Conte de » Clermont & de la Marche, Sgr. de Beaujeu, et aussi que *ses maisons et* » *autres héritages qu'il avoit oudit Pays d'Artoys ont esté brullées & gastées* » *par les Gens de Guerre qui ont été oudit Pays,* . . . . . à icellui pour ces cau- » ses . . . . . avons donné « &c. Ensorte qu'il ne resteroit plus aux Seigneurs de la Furjonniére ses descendans d'autre preuve de leur origine que les Armes de Créquy portées par leurs ancêtres il y a de plus de 300 ans sous les yeux & dans le sein même de cette Maison, avec un surnom dont les Sires de Créquy se servoient habituellement pour distinguer leurs cadets des aînés, si ce Jean ne se fût heureusement établi dans un Pays où étant entiérement inconnu il fut obligé de prouver sa noblesse pour jouir des priviléges qui y sont attachés. C'est ce qui donna lieu à deux Enquêtes juridiques (faute de titres) qui furent faites à Paris, l'une le 26 Octobre (l) 1478, l'autre

(a) (b) V. plus bas, p. 3 & 4, l'énoncé de deux Enquêtes des années 1478 & 1485, produites en original.
(c) (d) Hist. de la Maison d'Harcourt par la Roque, Tome II. page. 1848.
(e) Palliot, Science des Armoiries, page 220.
(f) (g) *Insignium theoriâ*, Edition de Francfort sur le Mein, 1690, p. 345, 346, 347, 348, & suivantes.
(h) Science des Armoiries, pag. 327.
(i) Voyez plus bas, pag. 3 & 4, l'énoncé de deux Enquêtes des années 1478 & 1485, produites en original.
(k) Original.   (l) Original.

le 14 Novembre (*b*) 1485, dans la première desquelles cinq témoins du Pays d'Artois *certifient & afferment pour vérité que ledit Jehan est extrait de noble lignée de par pere et mere et* YSSU DE PAR PERE DE CEULX DE CRE'QUY, DONT IL PORTE ENCORE DE PRESENT LES ARMES, FORS QU'IL Y A DIFFE'RENCE DE COULEURS. Dans la 2e un des témoins *dépose par serment* QU'IL A VEU LE FRERE DUDIT JEHAN PORTER ARMES QUE ON DISOIT ESTRE DEPPENDANT DES ARMES DE L'OSTEL DE CRE'QUY QUI EST DES NOBLES MAISONS DE PICARDIE : c'est le Créquier, ainsi qu'on l'a dit ci-dessus, que les Seigneurs de la Furjonniere ont toujours continué de porter, de couleur différente, conformément à la première enquête.

Ces deux actes originaux & autentiques, visés & reconnus pour tels dans les Recherches faites contre les usurpateurs de noblesse, produits en justice par le même Jean contre des parties intéressées, & soutenus de deux Sentences rendues en sa faveur le 17 Novembre (*c*) 1478 & le 7 Juillet (*d*) 1486, en prouvant qu'il étoit originairement issu de la Maison de Créquy, suppléent à une attache précise qu'on ne peut demander aux Sg^{rs} de la Furjonniére, lorsque Louis XI. en 1482 rend lui-même témoignage du pillage & de l'incendie des *maisons et héritaiges* de ce Jean pour son service, comme on l'a démontré ci-dessus ; & c'est ainsi qu'on en jugeroit dans tous les Tribunaux où la discussion d'une pareille origine pourroit être portée. Si les Auteurs de l'Histoire des Grands Officiers de la Couronne eussent eu connoissance de ces deux titres, on ne doute pas qu'ils n'eussent placé les Seigneurs de la Furjonniére à la suite des Branches de la Maison de Créquy, comme ils ont fait dans les différens volumes de leur Ouvrage à l'égard de plusieurs autres dont on ne leur a point littéralement prouvé la jonction ; & on en doute d'autant moins qu'ils paroissent n'avoir pas ignoré l'existence des mêmes Seigneurs de la Furjonniére en Anjou, puisqu'ils disent (*e*) en tête de la Généalogie de la Maison de Créquy que cette Maison a passé du Pays d'Artois en Picardie *et dans plusieurs autres Provinces du Royaume.* On doit encore ajouter ici le témoignage de Madame la Princesse Douairiére de Rache (N... de Créquy-Canaples, veuve de Jean Joseph de Berghes Prince de Rache) , qui dans le temps qu'elle étoit occupée de recherches sur sa Maison, écrivit à M^r. le Marquis de Créquy Lieutenant Général des Armées du Roi, lorsque celui-ci vint s'établir en Poitou, » qu'il y avoit en Anjou une Branche de sa Maison du surnom de *le Jeune.* «

Au surplus les Seigneurs de la Furjonniéte ayant toujours servi les Rois avec distinction, s'étant rendus dignes de leurs bonnes graces & de leurs bienfaits, ayant occupé des places considérables, soit à la Cour, soit dans le service Militaire, & contracté de bonnes alliances, cette Branche (*f*) ne peut que faire honneur au nom de Créquy qu'elle auroit toujours été en droit de porter en conséquence des deux actes originaux ci-dessus énoncés, des années 1478 & 1485. Le surnom de *le Jeune* a pu se transmettre dans cette (*g*) Branche, comme il en est des surnoms & sobriquets de tant d'autres Branches des plus grandes Maisons ; & cela d'autant plus naturellement qu'une Branche cadette ne pouvoit mieux se distinguer des aînées que par un surnom dont les Sires de Créquy se servoient habituellement, pour distinguer leurs

<hr>

(*a*) Voyez dans cette page & dans la suivante l'énoncé de deux Enquêtes des années 1478 & 1485, produites en original.   (*b*) Original.   (*c*) Original.   (*d*) Copie vidimée sur l'original en 1494.
(*e*) Hist. des Grands Officiers de la Couronne, Tome VI, page 777.   (*f*) (*g*) Voyez dans cette page & dans la suivante l'énoncé de deux Enquêtes des années 1478 & 1485, produites en original.

cadets des aînés. C'eſt ainſi que Jean, fils puîne de Jean III. Sire de Créquy & de Jeanne de Haverskerke, mariés en 1366, fut ſurnommé (*b*) *le Jeune* ; ce Jean fut tué à la Bataille d'Azincourt en 1415.

PREMIER DEGRE' CONNU.

TASSART ou EUSTACHE le Jeune (premier auteur connu des Seigneurs de la Furjonniére) ſe trouva jeune en 1415 à la Bataille d'Azincourt. Cette circonſtance, jointe à la proportion des âges & à l'identité de demeure & de ſurnom, à fait croire à quelques-uns qu'il étoit fils du Jean de Créquy, dit le Jeune dont on vient de faire mention, tué à la même Bataille d'Azincourt. Quoi qu'il en ſoit de cette filiation de Taſſart, la preuve (*c*) qu'on a de ſon origine de la Maiſon de Créquy ſupplée à une attache préciſe. Les Enquêtes du 26 Octobre (*d*) 1478 & du 14 Novembre (*e*) 1485, énoncées ci deſſus, apprennent qu'il *eſtoit noble, extraiʃt de noble lignée, demourant à Ambricourt ou Cônté de St. Pol en Artoys, à deux lieës de Crequy, tenant Fiefʒ et ʃourbannies noblement, et comme Gentilhomme menant chiens et oiʃeaulx, pour ʃervir leur Prince en ʃes Guerres et Armées, ayant* même *eʃté à la Bataille de Rouʃʃeauville* qui eſt la même (*g*) que celle d'Azincourt ; *que on appelloit lors lediʃt Villaige de Ambricourt le Villaige des nobles homs, et qu'il n'y avoit demourans que Gentilʒhommes.* On a déjà dit que ce fut Jean ſon fils qui fit faire ces deux Enquêtes, que dans la première (celle de 1478.) cinq témoins du Pays d'Artois *certifient et afferment pour vérité que ledit Jehan eʃt extraiʃt de noble lignée de par pere et mere et* YSSU DE PAR PERE DE CEULX DE CRE'QUY DONT IL PORTE ENCORES DE PRESENT LES ARMES, FORS QU'IL Y A DIFFE'RENCE DE COULEURS ; & que dans la ſeconde (celle de 1485) un des témoins *dépoʃe par ʃerment* QU'IL A VEU LE FRERE DUDIT JEHAN PORTER ARMES QUE ON DISOIT ESTRE DEPPENDANT DES ARMES DE L'OSTEL DE CRE'QUY QUI EST DES NOBLES MAISONS DE PICARDIE. Taſſart ne vivoit plus en 1478, comme on le voit par l'Enquête faite cette année-là, ainſi que *Noble Damoiʃelle* Catherine POTEL ſe femme, de famille noble, & native de la Ville de Heſdin, dont il avoit eu entr'autres enfans.

2. JEAN le Jeune qui ſuit.

&

2. N......le Jeune, Religieuſe à l'Abbaye de Tuilloye ès *Faulxbourgs d'Arras*, ſuivant l'Enquête de 1485.

II DEGRE'.

JEAN le Jeune, Ier. du nom, fut l'un des Gentilshommes de l'Hôtel de Pierre de Bourbon Seigneur de Beaujeu, gendre de Louis XI. Les Enquêtes citées ci-deſſus, des années (*h*) 1478 & (*i*) 1485, apprennent *qu'il*

(*a*) Voyez dans cette page & dans la précédente l'énoncé de deux Enquêtes des années 1478 & 1485, produites en original.　　　　　(*b*) Hiſt. des Grands Officiers de la Couronne, Tome VI, page 781.

(*c*) Voyez la note *a* de cette page.　　　　　(*d*) Original.　　　　　(*e*) Orignal.

(*f*) On trouve un *Jaques le Joʃne, Ecuyèr, Seigneur d'Ambricourt en partie*, dont la veuve donna en 1473 une déclaration d'un Fief & noble ténement ſéant en la Ville & terroir d'Ambricourt, d'un autre Fief ſéant en la Ville & terroir de Libeſſart, de quatre autres Fiefs, &c.

(*g*) Daniel, Hiſtoire de France, Tome IV, page 307, colonne 2e. Edition de Paris, 1722.

(*h*) Original.　　　　　(*i*) Original.

d'H. de Ser.

eſtoit natif d'Ambricourt où on l'avoit veu demourer en l'oſtel d'Euſtache ſon pere; qu'on l'avoit veu ſuyvre les Guerres & Armées du Roy ſoubz & en la Compaignie de Monſeigneur de Beaujeu avec lequel icellui Eſcuier avoit demouré par l'eſpace de quinze à ſeze ans ou environ, et meſmement depuis le treſpas de feu Monſeigneur le Duc d'Orléans avec lequel il avoit demouré par l'eſpace de quatre à cinq ans, & dont il avoit apparemment été connu lors du long ſéjour de ce Prince à la Cour de Bourgogne. Les biens qu'il poſſédoit en Artois furent pillés & brûlés pendant les Guerres, ainſi qu'on l'a dit plus haut dans le préliminaire. S'étant établi à Tours, la Cour étant alors au Pleſſis-lez-Tours, vers l'an 1478 il fut obligé comme étranger de ſe faire connoître : c'eſt ce qui donna lieu, comme on l'a déjà dit, ſes titres étant perdus, aux deux Enquêtes dont on vient de rapporter les propres termes. On voit par celle de 1485 qu'il étoit encore alors avec le Seigueur de Beaujeu (Pierre de Bourbon) comme l'un des Gentilshommes de ſon Hôtel. Un acte du 10 Décembre 1524 lui donne pour femme Jeanne SECART, qui fut Dame du Moulinet, & dont il eut entr'autres enfans Jean le Jeune qui ſuit.

III. DEGRE'.

JEAN le Jeune, IIe. du nom, Seigneur de Bonnevau par acquiſition, étoit paſſé de Touraine en Anjou dès le 3 Août (*b*) 1536, jour où on le voit comparoître avec la Nobleſſe de cette Province, ainſi que le 10 Avril (*c*) 1537 à l'Arriére-ban aſſemblé à Angers. Jeanne Secart ſa mere fit un accord avec lui le 10 Juin 1521 pour tous les droits qu'elle avoit dans les Seigneuries & Fiefs nobles du Moulinet, de la Barbotinière & de la Gravelière. Il fit ſon teſtament le 6 Août 1560. De ſon mariage avec Louiſe THIFAINE Dame de Montfort, morte avant le 29 Janvier 1545, naquirent les enfans qui ſuivent.

4. JEAN le Jeune a continué la deſcendance.

4. GILLES le Jeune, dont la poſtérité s'eſt éteinte en la perſonne de N... le Jeune-de-Bonnevau Dame de Landronde qui épouſa N.......DE MEAULNE, Chevalier, dont le fils aîné a été marié en 1749 avec Dlle. N...... DE MARBÉUF.

4. ANNE le Jeune fut mariée par contrat du 5 Mars 1536 avec Louis-HUBERT-DE LASSE, dont un fils Conſeiller au Parlement de Bretagne en 1582.

4. RENÉE le Jeune épouſa par contrat du 22 Février 1534 Jean THIBAULT Seigneur de Vaulx, dont une fille unique nommée Jeanne Thibault mariée par contrat du 22 Février 1574 avec Jean DE BRICHANTEAU, Seigneur de St. Martin-de Nigelles, Chevalier de l'Ordre du Roi, Capitaine de cinquante hommes d'Armes de ſes Ordonnances.

4. RENÉE le Jeune fut Religieuſe à l'Abbaye de Fontevrault.

IV. DEGRE'.

JEAN le Jeune, IIIe du nom, Seigneur de Bonnevau & du Pré, Enſeigne

(*a*) Voyez plus haut, pag. 3 & 4 l'énoncé de deux Enquêtes des années 1478 & 1485, produites en original.
(*b*) (*c*) Cet acte eſt énoncé dans une Sentence du 22 Mars 1635, relative à Nobleſſe & produite en original.

de la Compagnie d'Antoine de Bourbon Roi de Navarre, pére de Henry IV.
mourut en 1563, & avoit épousé par contrat du 29 Janvier 1545 Françoise (b) FOULLON Dame du Pré, dont il eut

5. JEAN le Jeune qui suit.

&

5. PIERRE le Jeune mort jeune.

V. DEGRE'.

JEAN le Jeune, IVᵉ du nom, Chevalier, Seigneur de Bonnevau, de
la Furjonniére, du Pré &c. dit *le Capitaine de Bonnevau*, Chevalier de l'Ordre du Roi, Gentilhomme ordinaire de sa Chambre, Gouverneur pour Sa
Majesté des Ville & Château des Ponts de Cé, & Mestre de Camp d'un
Régiment d'Infanterie, servit avec distinction dans les Guerres de son temps.
Il fut d'abord Capitaine d'une Compagnie de Gens de pied pour le service
du Roi ; s'attacha ensuite au Prince de Condé qui connoissant son mérite le
mit depuis au service du Roi de Navarre ; fut griévement blessé à la Bataille de Mirambeau, suivant un attestation du Prince de Condé, en date
du 18 Août 1577; se trouva à celles de Coutras en 1587 & d'Ivry en 1590;
obtint du Roi par Brevet du 23 Mars de la même année 1590 la jouissance
du revenu de l'Abbaye de St Maur en Anjou ; se trouva aussi à la Journée
de Fontaine-Françoise en 1595, où il donna sous les yeux du Roi des preuves de la plus grande valeur, ainsi qu'au Siége de Rouen, & au voyage de
Savoye en 1591, étant alors Capitaine des Gardes du Prince Charles de
Valois Comte d'Auvergne ; & s'empara en la même année pour le service
du Roi des Place & Château de Bourdon en Auvergne. Henry IV lui
accorda au mois de Janvier 1592 des Lettres portant permission de faire for-
tifier le Château de la Furjonniére, en considération de ses services.
C'est sur le même motif que ce Monarque lui accorda encore par autres
Lettres du mois de Juillet 1593 le droit de chauffage dans la Forêt de Beaufort, droit qu'il voulut être annéxé à son Château de la Furjonniére pour
lui, ses successeurs & ayans cause. Ce Prince l'ayant nommé le 22 Février
1595 Gentilhomme ordinaire de sa Chambre, il reçut à cette occasion de
Mr. Ruzé, Sécretaire d'Etat, la Lettre suivante, daté du même jour :

» Monsieur, c'est trop demeuré à la maison. *Vous n'estes pas de ceux que*
» *l'on y doibt laisser inutille en telle saison. Le Roi sachant bien voz mérites*
» vous a choisy pour l'ung des seize Gentilhommes qu'il veult avoir or-
» dinairement près de sa personne à douze cent escuz d'estat....... Vos amis
» se réjouissent de cette élection faicte en votre absence et sans aucune
» importunité...... Venez doncques : car le Roi faict estat de partir dans
» douze ou quinze jours au plustard & de bien battre les Espagnolz devant
» que de revenir. Saluant sur ce voz bonnes graces de mes plus humbles
» recommandations, je prye Dieu qu'il vous donne, Monsieur, en santé bonne
» et longue vye. Vostre bien humble voisin & serviteur. « (Signé) » RUZE'. «

Le Seigneur de Bonnevau fut déchargé le 13 Avril 1597 de la contribu-
tion au Ban & Arriére-Ban, attendû le service qu'il faisoit alors près de la
personne de Sa Majesté. On le voit qualifié en 1604 *Chevalier de l'Ordre du*

(a) Voyez plus haut, pag. 3 & 4, l'énoncé de deux Enquêtes des années 1478 & 1485, produites en original.
(b) Elle étoit sœur du 4ᵉ. ayeul de Mr. Foullon, Maître des Requêtes & Intendant de la Guerre.

d'H. de Ser.

Roi. Ayant voulu se démettre de sa place de Gouverneur des Ville & Château des Ponts de Cé, la Reine Marie de Médicis lui écrivit le 20 Août 1614 pour l'avertir » que le Roy Monsieur son filz et elle le luy deffendoient, » et que ce n'étoit leur intention qu'il la quittât « : il l'avoit encore lors du Combat des Pons de Cé en 1620. Il reçut aussi plusieurs Lettres des Rois Henry IV. & Louis XIII. qui annoncent la confiance dont ces Monarques l'honoroient ; mourut au mois de Décembre 1621 ; & fut enterré dans l'Eglise de St. Pierre de Saumur où l'on voit encore son Epitaphe gravée sur une table de marbre noir scellée dans l'un des pilliers du Chœur, au dessus de laquelle est un Ecusson aux Armes de Créquy & sur la 1ere feuille du Créquier à droite un petit Ecusson à deux Fasces. L'Epitaphe est conçuë en ces termes :

Qui suæ fortitudinis admiratione multos rapuit, supremo ademptius fato, hic jacet, probata nobilitate vir, Joannes le Jeune, Dominus de Bonnevau, Eques, Præfectus Castelli ad Pontem Cœzaris, cui fortuna dum felix est obsequendo, natura dum omnibus perinde gratus indulgendo, virtus dum fortis se se adjungendo, singularem invictissimi Regis Henrici IIII. benevolentiam conciliavere. In cujus rem animose cum dimicat, haud vulgaria quibus ab ipso Rege meruit FORTIS ATLETÆ *cognomine appellari, facinora edidit. Tum Ludovico decimo tertio Regi Justissimo insinuatus, perpetuum veteri gloriæ splendorem annexuit, donnec extremum vitæ, non famæ, cumulum mors imposuit in Nonas X^{bris} anno Domini M. DC. XXI.*

De son mariage accordé par contrat du 9 Juin 1589 avec Demoiselle Marie FERJON, fille de Guillaume Ferjon Ecuyer, Sr de la Ferjonniére, & de Dlle. Catherine LE MACZON, naquirent les enfans ci-après.

6. JAQUES le Jeune, Chevalier, Seigneur de Bonnevau, de la Ferjonniére (Terre appellée depuis de la Furjonniére), du Moult & de la Moriniére, Gentilhomme ordinaire de la Chambre du Roi, Lieutenant de sa Vénerie, & Capitaine de cent hommes dans le Régiment de Navarre, fut appellé comme son pére *le Capitaine de Bonnevau.* Un mémoire de son temps porte qu'il fut favori de Louis XIII qui en effet lui donna une pension de 2000 livres le 7 May 1618, » en considération des bons, fidels, agréables et recommandables services » qu'il lui avoit rendus et rendoit encore journellement près sa per- » sonne en qualité de l'un de ses vingt-quatre Gentilshommes ordi- » naires «, n'ayant alors que 23 ans. Le 15 Juillet 1620 il fut fait Capitaine de cinquante hommes dans le Régiment de Navarre, & en-suite de cent hommes. Il rendit hommage au Roi le 4 Juillet 1623 de ses Terres & Seigneuries de la Ferjonniére & du Moult, mouvantes en plein Fief de Sa Majesté à cause de son Comté de Beaufort, lequel hommage il déclara n'avoir pû faire plutôt depuis la mort de son pére » pour avoir toujours depuis été occupé au service du » Roy près sa personne en ses Armées, et aux Siéges des Villes » réduites en son obéissance. Il fit son testament le 24 Décembre 1628, étant alors Lieutenant de la Vénerie du Roi, par lequel entre autres choses, » il pria Mr. Bourlon son bon ami de présenter au » Roy sa vieille arquebuze, de laquelle il avoit eu l'honneur de se

<hr>

(a) Voyez plus haut, pag. 3 & 4, l'énoncé de deux Enquêtes des années 1478 & 1485, produites en original.

d'H. de Ser.

B ij

» fervir en la préfence de Sa Majefté , fuppliant faditte Majefté de
» l'avoir agréable et fe fouvenir de fes fervices , et vouloir gratifier de
» fes Charges le Sieur de la Ferjonniére fon Frére «. Il mourut en la
même année âgé de trente-trois ans , fans avoir été marié. Son cœur
fut porté à Saumur dans l'Eglife de S^t. Pierre où l'on voit fon Epitaphe
ci-après , & fon corps dans l'Eglife de St Germain l'Auxerrois à Paris.

Par parenti proles Jac^o*bus le Jeune ,*
Dominus de Bonnevau , Eques ,
Archivenatoris Regii Vicarius .
Inter- nobiles Regi à Cubiculis &c.
Cujus cor cineribus amantiſſimi patris
Ex fupremis tabulis applicatum ,
Corpus autem Lutetiæ in Ecclefiâ
S^{ti}. Germani Autifiodorenfis fepultum jacet ,
Faſtis palam probavit
Quid mens rite , quid indoles eduſta ,
Fauftis fub penetralibus Regis
Ludovici XIII femper invicti ,
Semper jufti , demum potuiſſet ,
Ni immatura vis morbi
Annum agentem XXXIII oppreſſiſſet
IX. Cal. Jan. anno reparatæ falutis M. DC. XXVIII.
Precare viator utrique æternam quietem.

6. JEAN le Jeune , Chevalier, Seigneur de Bonnevau , de la Furjonniére ,
de la Moriniére &c. fut d'abord Page du Roi Louis XIII , enfuite
Gentilhomme ordinaire. de fa Chambre & Lieutenant de fa Vénerie,
qualités qu'il a dans un acte du 3 Novembre 1629 ; fut auſſi Capitaine au Régiment de Navarre ; vendit vers l'an 1662 fa Charge de
Lieutenant de la Vénerie de France, moyennant la fomme de 29000
livres , à Jean des Vaux Marquis de Lévaré ; & mourut fans enfans.

6. PIERRE le Jeune continue la defcendance.

6. CATHERINE le Jeune époufa par contrat du 25 Février 1620 Guy DE
BRENNE, Chevalier, Seigneur & Baron de Grégy & des Vigneaux,
Gentilhomme ordinaire de la Chambre du Roi , frére d'Antoine de
Brenne , Chevalier, Seigneur de Grégy, de Méziéres & de Bombon,
marié avec Claude de Courtenay-de Bleneau qui étoit coufine au Ve.
Dégré de Louis Ier du nom dans fa Branche, appellé le Prince de
Courtenay, mort en 1672.

6. MARIE le Jeune, dite de Bonnevau , fut mariée avec FRANÇOIS LE
FÉVRE Seigneur de la Ferronniére & de la Moriniére, Confeiller au Par-
lement de Bretagne; pére & mére de Réné le Févre-de la Ferronniére,
Confeiller au même Parlement, qui eut pour fille unique N.....
le Févre Dame de la Ferronniére, femme de Martin-François DE
SAVONNIÉRES, appellé le Comte de la Torche.

VI. DEGRÉ.

PIERRE le Jeune, Ier. du nom, Chevalier, Seigneur de la Furjonniére, du Moult, du Pleſſis &c. baptiſé le 24 Janvier 1607, embraſſa d'abord l'état Eccléſiaſtique en 1619, & fut pourvû du Prieuré du Moult en Anjou. Depuis il fut marié trois fois. Le Duc de Rohan, Gouverneur d'Anjou, ayant été nommé par le Roi pour préſider aux États de Bretagne, où il avoit un concurrent qui s'y étoit rendu ſuivi de 300 Gentilshommes, écrivit au Seigneur de la Furjonniére pour le prier d'engager le plus grand nombre de Gentilshommes qu'il feroit poſſible à l'accompagner dans ſon voyage de Bretagne, & lui envoya la lettre qu'il avoit reçuë de Mr de Loménie-de-Brienne Sécretaire d'Etat, datée du 3 Juillet 1651, qui notifioit au Duc de Rohan les ordres de Sa Majeſté pour préſider aux Etats. Les mémoires domeſtiques portent qu'il fut toujours fort attaché à la Reine Marie de Médicis qui avoit le Gouvernement d'Anjou, & qu'il lui fut même utile dans ſes diſgraces. Il épouſa 1° Demoiſelle Renée FOULLON, fille de René Foullon (*b*), Ecuyer, Sr de la Croix, & de Demoiſelle Marie DE LHOMMEAU; 2° par contrat du 28 Avril 1636 Demoiſelle Marie DE CERIZAY, fille de Guillaume de Cerizay, Ecuyer, S^r d'Ezé, & de Demoiſelle Marie JACOB; 3° par autre contrat du 13 Décembre 1642 Demoiſelle Anne EVEILLARD, fille de François Eveillard, Ecuyer, Seigneur de Seillons, & de Demoiſelle Janne GOHIN; & il vivoit encore le 8 Juin 1667.

Premier Lit.

7. ANNE le Jeune femme d'Armand LE PELLETIER Seigneur de la Lorie.

Second Lit.

7. ELIZABETH le Jeune Religieuſe à la Viſitation de Saumur.

Troiſiéme Lit.

7. FRANÇOIS le Jeune continue la deſcendance.

7. PIERRE-FRANÇOIS le Jeune, Chevalier, Seigneur de Bonnevau & du Pleſſis, Chevalier de l'Ordre Royal & Militaire de St Louis, & Lieutenant Général d'Artillerie, né le 17 Mars 1653, étoit Commiſſaire ordinaire de l'Artillerie de France lorſqu'il épouſa 1° par contrat du 14 Novembre 1681 Demoiſelle Claude DE VABRES, fille de Meſſire Michel de Vabres, Chevalier de l'Ordre du Roi, Seigneur de Moncontour, de la Ville &c. Le 18 Mars 1698 il ſervoit en qualité de Commiſſaire Provincial d'Artillerie à la réſidence de Breſt. Le Roi ayant créé en 1703, lors de la réforme des Offices de l'Artillerie, ſept Lieutenans Généraux, outre celui d'Alſace, il fut avec deux de ſes freres de cette promotion; & fut fait Chevalier de l'Ordre Royal & Militaire de St Louis le 3 Mars 1706. Un certificat du Grand-Maître

---

(*a*) Voyez plus haut, pag. 3 & 4, l'énoncé de deux Enquêtes des années 1478 & 1485, produites en original.
(*b*) Ce René Foullon, Ecuyer, S^r. de la Croix, eſt le triſayeul de M^r. Foullon Maître des Requêtes, & Intendant de la Guerre. Voyez l'article de Jean le Jeune, IIIe du nom, Seigneur de Bonnevau, auteur du IVe Degré de cette Généalogie.

de l'Artillerie en date de 1er Décembre 1707 porte » qu'il servoit » le Roi depuis 35 ans & qu'il avoit toujours donné des preuves d'une » valeur distinguée. « Il épousa en secondes noces par contrat du 20 Novembre 1712 Demoiselle Marie-Anne DE MONTPLACÉ, fille de Messire René de Montplacé, Chevalier, Seigneur de Montplacé, & de Dame Catherine LE VACHER DE LA CHAISE. Il perdit la vue après 52 ans de service. Le 2 Décembre 1714 le Roi lui avoit accordé une pension. Il mourut sans enfans en 1723.

7. CHARLES le Jeune, Chevalier, Seigneur de la Grande-Roche, Chevalier de l'Ordre Royal & Militaire de St Louis, & Lieutenant-Général d'Artillerie, fut baptisé le 13 Octobre 1657; étoit Commissaire ordinaire de l'Artillerie de France lors de son mariage contracté le 18 Novembre 1685 avec Demoiselle Barbe DE VABRES, sœur de Claude de Vabres femme de Pierre-François le Jeune son frere; & fut nommé le 11 Avril 1703 Lieutenant Général d'Artillerie » en considéra- » tion des services qu'il avoit rendus au Roi en qualité de Commissaire » Provincial pendant neuf ans, & pour récompense de son zèle au ser- » vice de Sa Majesté dans plusieurs Batailles & Siéges » où il avoit reçu plusieurs blessures ainsi qu'il est prouvé par ses provisions de Chevalier de St Louis en datte du 3 Mars 1706. Il commandoit l'Artillerie en Alsace en 1717; mourut en la même année au Neuf-Brisack; & eut de son mariage trois fils & deux filles, qui suivent.

8. CHARLES le Jeune, Lieutenant au Régiment Royal Artillerie, mourut en 1711 à Brisack, âgé de 18 ans, des blessures qu'il avoit recuës au service du Roi.

8. FRANÇOIS-MICHEL le Jeune, Seigneur de la Grande-Roche, Capitaine au Régiment Royal Artillerie, mourut âgé de 37 ans le 17 Décembre 1735 des suites d'une blessure qu'il avoit reçuë au Siége de Philisbourg. Il servoit depuis l'âge de quinze ans.

8. GASPARD-HENRY le Jeune, Seigneur de la Grande-Roche, né le 30 Juin 1701, a été Cornette de Dragons.

8. BARBE le Jeune.

8. MARIE le Jeune.

7. JEAN le Jeune, Chevalier, Seigneur du Plessis, Lieutenant Général d'Artillerie, né le 12 Juin 1659, fut nommé le 8 Mars 1694 Commissaire Provincial de l'Artillerie » en considération des longs services » qu'il avoit rendus au Roi dans l'Artillerie & de sa grande expérience » qui lui avoit fait mériter le titre de Commissaire ordinaire de l'Ar- » tillerie, dont il avoit été pourvu le 10 Septembre 1684; « fut fait depuis Lieutenant Général de l'Artillerie de la création de 1703, le 5 Avril; mourut en 1704 au Département des Côtes Occidentales; & avoit épousé N .... DE VAUJOYEUSE.

7. MARIE le Jeune
7. ANNE le Jeune   } Religieuses aux Ursulines de la Rochelle.
7. CHARLOTTE le Jeune

VII. DEGRE'.

FRANÇOIS le Jeune, Ier du nom, Chevalier, Seigneur de la

(*a*) Voyez plus haut, pag. 3 & 4, l'énoncé de deux Enquêtes des années 1478 & 1485, produites en original.
d'H. de Ser.

Furjonniére &c. né le 22 Octobre 1645, fut élevé Page du Grand Condé ;
donna pendant ce temps-là des preuves de la plus grande valeur fous les yeux
de ce Prince, & étoit à fes côtés dans une occafion où il eut un cheval tué
fous lui ; entra depuis dans les Moufquetaires ; & époufa par contrat du 29
Juillet 1666 Demoifelle Anne BASCHER, fille de Pierre Bafcher Seigneur
de Maucartier, de laquelle il eut

8. PIERRE le Jeune qui fuit,

8. FRANÇOISE le Jeune mariée par contrat du 2 Février 1699 avec
François-Jacques MIOLLAIS, Chevalier, Seigneur de Maurpart & de
la Sauvagére, Chevalier de l'Ordre Royal & Militaire de St Louis, &
Commiffaire Provincial d'Artillerie.

8. PERRINE le Jeune, ⎤
8. N.... le Jeune, ⎦ Religieufes, l'une à Cholet, l'autre à Loudun.

VIII DEGRE'.

PIERRE le Jeune, IIe du nom, Chevalier, Seigneur de la Furjonniére, du Pleffis &c. Chevalier de l'Ordre Royal & Militaire de Saint
Louis, & Lieutenant du Grand Maître de l'Artillerie de France, né le 10
Janvier 1669, entra à l'âge de 14 ans au fervice dans le Corps de l'Artillerie dont il fut Commiffaire ordinaire en 1693 ; époufa par contrat du
13 Janvier 1698 Demoifelle Marie DE MOUSSEAUX, morte en 1704, qui eut
en dot les Terres & Seigneuries de la Coufinerie & de la Ripaille, fille de
Pierre de Mouffeaux, Seigneur de la Coufinerie & de la Ripaille, & de Dame
Perrine DE LOMMEAU ; reçut ordre le 16 Août 1704, étant alors Commiffaire Provincial & Major de l'Artillerie, de fe rendre aux Sables d'Olonne
pour y commander l'Artillerie à la place du feu Seigneur du Pleffis fon on-
cle Lieutenant Général d'Artillerie ; fut fait depuis Chevalier de l'Ordre
Royal & Militaire de St Louis & Lieutenant du Grand-Maître de l'Artillerie ; fe trouva en 1706 au Siége de Barcelone ; & mourut en la même année
des fuites d'une bleffure qu'il y avoit reçuë. De fon Mariage naquirent

9. FRANÇOIS le Jeune ci-après,

&

9. MARIE-FRANÇOISE le Jeune, née le 13 Février 1700, mariée en
1727 avec Godefroy-Philippes DE POUSSINEAU, Chevalier, Seigneur
de Vendœuvre, dont le fils aîné a époufé N... DE MALAUNÉ, fille de
N.... de Malauné Seigneur de Boifbaudran.

IX. DEGRE'.

FRANÇOIS le Jeune-de (*b*) Créquy, IIe du nom, Chevalier, Seigneur de la Furjonniére, du Pleffis, d'Aubigné, de la Beureliére & de la
Bruyére, Commiffaire de l'Artillerie de France, né le 5 Février 1699, époufa
par contrat du 14 Juillet 1730 Demoifelle Marie-Lancelotte-Philberte-Renée
RICHER-DE NEUVILLE Dame de la Beureliére & de la Bruyére, fille de Charles
Richer, Chevalier, Baron de Neuville, Seigneur de Parcé & de la Piltiére, &
de Dame-Louife-Renée PARAGE. De ce mariage font nés 14 enfans, qui fuivent.

(*a*) (*b*) Sur ce nom de *Créquy*, joint à celui de *le Jeune*, voyez plus haut, pag. 3 & 4, l'énoncé de deux
Enquêtes des années 1478 & 1485, produites en original.

d'H. de Ser.

C ij

X DEGRE'.

1. FRANÇOIS--MARIN le Jeune, appellé *le Comte de* (*b*) *Créquy*, né le 31 May 1731, eſt entré au ſervice en 1746; eſt devenu Capitaine au Régiment de Languedoc Infanterie en 1755, d'où il a paſſé en la même qualité de Capitaine dans celui de Royal Champagne Cavalerie en 1761; a été fait en 1762 Aide-Maréchal Général des Logis ès Camps & Armée de Flandre, & en Février 1763 Chevalier de l'Ordre Royal & Militaire de St Louis.

2. CHARLES-PIERRE-PHILBERT-Louis le Jeune-de (*c*) Créquy, né le 10 May 1732, entra au ſervice en 1746 en qualité de Lieutenant au Régiment de Navarre, qu'il quitta en 1748, pour paſſer dans celui d'Aunis que venoit d'obtenir Mr. de Broc ſon parent; & ce Régiment ayant été incorporé à la Paix dans celui de Languedoc, il le ſuivit en Canada où il fut tué en 1756 à l'affaire du Lac du St Sacrement.

3. N.....né le 9 Juillet 1733, mort jeune ſans avoir été nommé.

4. GASPARD-HENRY-FRANÇOIS le Jeune, dit *l'Abbé de* (*d*) *Créquy*, né le 6 Août 1734, Prêtre, Docteur en Théologie, Vicaire Général du Diocèſe de Lizieux.

5. PIERRE-JEAN-MARIE le Jeune-de (*e*) Créquy, né le 3 Mars 1739, Lieutenant au Régiment de Lemps Infanterie.

6. CHARLES-FRANÇOIS-EMANUEL le Jeune-de (*f*) Créqui, né le 18 Avril 1740, mort en 17.....

7. GODEFROY-PHILIPPES-FRANÇOIS le Jeune-de (*g*) Créquy, né le 26 Décembre 1741, Lieutenant au Régiment de Languedoc Infanterie.

8. JEAN-BAPTISTE le Jeune-de (*h*) Créquy, né le 17 Février 1743, Lieutenant au Régiment de la Tour-du-Pin, aujourd'hui Boiſgelin.

9. EUSTACHE le Jeune-de (*i*) Créquy, né le 17 Juillet 1744, ſe deſtine à l'état Eccléſiaſtique.

10. FRANÇOISPHILBERT le Jeune, *dit le Chevalier de* (*k*) *Créquy*, né le 12 Août 1748, a été reçu Page du Roi dans la Grande Ecurie en 1762.

11. FRANÇOISE-LANCELOTTE-LOUISE le Jeune-de (*l*) Créquy, née le 14 Mars 1736, Religieuſe Profeſſe dans l'Abbaye de Ronceray à Angers.

12. MARIE-ARMANDE le Jeune-de (*m*) Créquy, née le 22 May 1737.

13. LOUISE le Jeune-de (*n*) Créquy, née le 17 Décembre 1745.

14. MARIE-PERRINE le Jeune-de (*o*) Créquy, née jumelle le 12 Août 1748 avec François-Philbert, morte en 17....

(*a*)(*b*)(*c*)(*d*)(*e*)(*f*)(*g*)(*h*)(*i*)(*k*)(*l*)(*m*)(*n*)(*o*) Sur ce nom de *Créquy*, joint à celui de *le Jeune*, voyez plus haut, pages 3 & 4, l'énoncé de deux Enquêtes des années 1478 & 1485, produites en original.

Vue, vérifiée, & certifiée véritable par nous Antoine Marie d'Hozier de Serigni, Chevalier, Juge d'Armes de la Nobleſſe de France en ſurvivance; à Paris, le ſamedi vingt-quatrieme jour du mois d'Octobre de l'an mil ſept cent ſoixante-un.

Signé D'HOZIER DE SERIGNI.

PIECES JUSTIFICATIVES.

LETTRE de M. d'Hozier de Serigny à M. le Marquis de Créquy, Lieutenant-Général & Chef de la Maison.

M.

Le travail auquel je me fuis livré pour approfondir la vérité & l'authenticité des titres qui pouvoient autorifer Meffieurs de la Furjonniére à porter le nom de Créquy, comme l'une des branches de votre Maifon, ne m'ayant pas permis de douter qu'ils n'en fuffent defcendus, j'ai formé fur les pieces originales leur généalogie, que j'ai revêtue de mon feing & de mon fceau, pour les tranquillifer fur quelques doutes que l'on avoit voulu élever au contraire. Cet ouvrage fini, j'ai été le premier à leur confeiller de vous en donner connoiffance, comme l'aîné de la Maifon ; perfuadé que lorfque vous l'auriez prife, vous feriez auffi convaincu que moi de la réalité de ce qu'elle contient, & que vous vous feriez un vrai plaifir de reconnoître cette branche de votre nom, qui d'ailleurs n'a jamais démenti un fang auffi illuftre que le vôtre. Ces Meffieurs ayant défiré, Monfieur, que j'euffe l'honneur de vous adreffer directement cette généalogie, je l'ai fait d'autant plus volontiers, que cela me met à portée de vous répéter en particlier ce que j'en penfe. Je fuis avec refpect, Monfieur, votre, &c. *Signé* D'HOZIER DE SERIGNY.

DÉCLARATION de M. le Marquis de Créquy, en reconnoiffance des Seigneurs de la Furjonniére, pour être une Branche de la Maifon de Créquy.

NOUS fouffigné Lieutenant-Général des Armées du Roi, Commandeur de l'Ordre Royal & Militaire de S. Louis, Cordon Rouge, Gouverneur de Domes, Seigneur de la Vicomté de Gençaye, &c.

Avons examiné la généalogie de Meffieurs Le-Jeune de la Furjonniere en Anjou, dreffée par M. d'Hozier de Serigny, Juge d'Armes en furvivance de la Nobleffe de France. Deux Enquêtes du 26 Octobre 1478 & du 14 Novembre 1485, qui lui ont été produites en original, ont particu-culiérement fixé notre attention. Cinq témoins du pays d'Artois *certifient* dans la premiere (celle de 1478) & *afferment pour vérité que Jéhan le Jeune* (fecond auteur connu defdits Seigneurs de la Furjonniére) *eft extrait de noble lignée de par pere & mere, & ISSU DE PAR PERE DE CEUX DE CRÉQUY DONT ILS PORTENT ENCORE DE PRESENT LES ARMES, FORS QU'IL Y A DIFFERENCE DE COULEUR ;* & un des témoins dans la feconde (celle de 1485) *dépofe par ferment qu'il a vu le frere dudit Jéhan PORTER ARMES QUE ON DISOIT ÉTRE DÉPENDANS DES ARMES DE L'OSTEL DE CRÉQUY qui eft des nobles Maifons de Picardie.* Des témoignages auffi juridiques & autenthiques ne nous laiffent aucun doute fur l'origine des Seigneurs de la Furjonniére ; & la découverte de cette origine fe rapportant à ce que la Princeffe Douairiere de Rache (N. . de Créquy Canaples, veuve de Jean-Jofeph de Berghes Prince de Rache) nous écrivoit lorfqu'elle étoit occupée à faire des recherches fur fa Maifon, *qu'il y en avoit en Anjou une branche du furnom de LE JEUNE,* nous nous croyons obligés par juftice & pour rendre hommage à la vérité, de reconnoître Meffieurs Le Jeune de la Furjonniére, pour former originairement une branche de notre Maifon, & pour être très en droit d'en reprendre le nom ; & nous le reconnoiffons avec d'autant plus de fatisfaction, que leurs ancêtres ont toujours fervi les Rois avec diftinction, fe font rendus dignes de leurs bonnes graces & de leurs bienfaits, ont occupé des places confidérables foit à la Cour, foit dans le fervice militaire, & ont contracté de bonnes alliances. En foi de quoi nous avons figné cet acte pour fervir à Meffieurs Le Jeune de la Furjonniére, & nous y avons appofé le cachet de nos armes. Fait à Gençaye ce huit Mai fept cent foixante-cinq.

Approuvé l'écriture ci-deffus, Jacques Charles, Marquis de Créquy.

ACTE devant Notaires, portant même reconnoiffance, & confentement de M. le Marquis de Créquy aux Seigneurs de la Furjonniére, de reprendre le nom & les armes pleines de la Maifon de Créquy.

PARDEVANT les Notaires de la Vicomté de Gençay fouffignés, fut préfent très-haut & très-puiffant Seigneur Monfeigneur Jacques Charles Marquis de Créquy, Chef des nom & armes de fa Maifon, Lieutenant Général des armées du Roi, Grand'Croix de l'Ordre Royal & Militaire de S. Louis, Gouverneur de la ville & château de Domme, Chambellan de Monfeigneur le Duc d'Orléans premier Prince du Sang, demeurant ordinairement au Palais Royal à Paris, & à préfent en fon château de la Roche Gençay, Paroiffe de Magné en Poitou :

Lequeldit Seigneur a déclaré que, comme il eut ci-devant à la requifition des Cadets de fa Maifon & par le confeil de Monfieur le Comte d'Argenfon, Miniftre de la guerre, fon parent, chargé le fieur de Serigny, Juge d'armes de la Nobleffe de France en furvivance, d'examiner les titres de

D

Messieurs de Créquy du furnom de Le Jeune, Seigneurs de la Furjonniére en Anjou ; qui de leur côté les avoient déja fait vérifier par le Généalogifte des Ordres du Roi ; ledit fieur de Serigny ayant jugé que lefdits Seigneurs de la Furjonniére étoient de la Maifon de Créquy, ce qu'ils prouvoient par titres autenthiques & inconteftables, dont il lui avoit même envoyé les extraits certifiés vérita- bles de fa main ; après avoir encore examiné, fait examiner, & rapproché de fes propres titres lefdits extraits & pris tous fes moyens poffibles pour s'affurer de la vérité, & s'être ainfi convaincu que lefdits Seigneurs de la Furjonniére portoient à jufte titre le nom de Créquy, comme formant une branche de fa Maifon, dont on avoit déja trouvé les traces, & les avoir même alors exhortés de fe faire comprendre fous l'article de la Maifon de Créquy dans le Supplément de l'Hiftoire des Grands Officiers de la Couronne ; confidérant aujourd'hui que lefdits Seigneurs de la Furjonniére feroient les feuls du nom de Créquy qui en portaffent encore les armes brifées, tous les autres Cadets lui ayant demandé fon confentement pour reprendre les armes pleines, qu'ils portoient auffi ci-devant brifées, foit par la différence des émaux, foit par l'addition de quelques pieces étran- geres ; voulant ledit Seigneur Marquis de Créquy qu'il n'y ait pas plus de différence entre lui & lefdits Seigneurs de la Furjonniére qu'entre fes autres Cadets, il a confenti, & permet que lefdits Seigneurs de la Furjonniére reprennent également les armes pleines de fa Maifon, fans aucune bri- fure, duquel confentement il a voulu leur en être donné acte, & du préfent délivré les expéditions requifes, pour leur valoir & fervir en temps & lieu, dont du tout ledit Seigneur Marquis de Créquy a requis acte, qui lui a par nousdits Notaires fouffignés été octroyé. Fait & paffé au Château de la Roche Gençay, Paroiffe de Magné en Poitou, le premier jour du mois de Septembre mil fept cent foixante-cinq après midi. Lu, & a ledit Seigneur Marquis de Créquy figné.

La minute des préfentes eft fignée Jacques Charles Marquis de Créquy, & des Notaires fouffi- gnés, demeurée à Petit, Notaire, l'un d'iceux. Contrôlée à Gençay le premier Septembre 1765 par Petit, qui a reçu vingt fols dix deniers.

A U D I N E T.   P E T I T.

Nous René - Amable Vincent de la Rivaldiére, Confeiller du Roi, Juge-Magiftrat, Lieutenant- Particulier, & Affeffeur Civil en la Sénéchauffée & Siege Préfidial du Poitou, y faifant les fonctions de Lieutenant Général : certifions à tous qu'il appartiendra que les fignatures ci-deffus font vérita- blement celles du fieur Petit, ci-devant Notaire de la Vicomté de Gençay, & à préfent Notaire Royal ès Sénéchauffée de Poitiers & Civrai, à la réfidence dudit Gençay, & celle du fieur Au- dinet, Notaire de ladite Vicomté de Gençay, & que foi doit y être ajoutée. En témoin de quoi nous avons figné. Donné & fait en notre hôtel à Poitiers ce 11 Mars 1774.   VINCENT.

COPIE de la Lettre que M. le Marquis de Créquy a écrite à M. le Comte de Créquy Hemon, & dont il a envoyé copie fignée de lui à M. de Créquy Le Jeune de la Furjonniére pere.

Poitiers ce 4 Octobre 1765.

JE me fuis occupé fucceffivement, Monfieur, & je puis dire avec la plus férieufe attention, à approfondir la prétention de Meffieurs de Créquy de la Furjonniére ; j'ai fait examiner les titres ori- ginaux en vertu defquels ils ont pris le nom de Créquy, & non content de ce qui m'en a été mandé par les plus habiles gens que j'ai confultés, je me les fuis fait repréfenter, ainfi que le travail de M. d'Hozier fils à ce fujet. J'ai été fi convaincu de la juftice de leurs droits, que je n'ai pas héfité à les reconnoître pour une branche de notre Maifon, & de leur donner à cet égard avec autant d'em- preffement toutes les marques de fatisfaction qu'ils ont pu defirer, que je me ferois oppofé à leurs vues avec chaleur, fi je les avois jugé mal fondées. Madame votre mere & vous m'avez demandé dans le temps, en ma qualité d'aîné de la Maifon, de me joindre à vous pour fuivre cette affaire. Je dois par la même raifon vous inftruire de ce qui s'eft paffé & de ce que j'ai fait, afin que vous vous réuniffiez à moi pour foutenir cette branche de notre Maifon dans toutes fes prérogatives ; ce que je fuis décidé de faire de mon côté, autant qu'il dépendra de moi & dans toutes les occafions qui fe préfenteront.

Pour copie de la lettre que j'ai écrite à M. le Comte de Créquy Hémon Colonel du Régiment du Roi Dragons,

Signé MARQUIS DE CRÉQUY.

Copie de la Lettre d'envoi de la copie de Lettre ci-deffus de M. le Marquis de Créquy à M. de la Furjonniére pere.

4 Octobre 1765.

Il ne fuffit pas, Monfieur, de vous avoir donné en mon particulier toutes les preuves que la juftice a exigé de moi, pour vous marquer que je vous reconnois pour une branche de notre Maifon. J'ai cru qu'il étoit convenable que je ne laiffaffe pas ignorer à M. le Comte de Créquy Hémon mon neveu ce qui s'étoit paffé, afin qu'il fe réuniffe à moi dans toutes les occafions où nous pour- rons vous fervir comme quelqu'un qui nous appartient. C'eft dans cette vue que je vous envoie copie fignée de moi de la lettre que je lui écris, qui, s'il en étoit encore befoin, vous feroit un nouveau témoignage de ma façon de penfer & des fentimens d'amitié, de parenté & d'attachement avec lefquels j'ai l'honneur d'être, Monfieur, votre très-humble & très-obéiffant ferviteur.

Signé, MARQUIS DE CRÉQUY.

LETTRE du Miniftre, en réponfe à une de M. le Marquis de Créquy, qui demandoit un Régiment pour le Comte de Créquy de la Furjonniére.

A Verfailles le 7 Mai 1766.

J'AI reçu, Monfieur, la lettre que vous m'avez fait l'honneur m'écrire le 22 du mois dernier, par laquelle vous demandez l'agrément d'un Régiment pour M. le Comte de Créquy de la Furjonniére, votre parent, Capitaine de Cavalerie ci-devant réformé à la fuite du Régiment Royal-Champagne. Je fuis d'autant plus difpofé à lui procurer cet avancement, qu'indépendamment de ce que cet Officier eft de votre Maifon, & conféquemment à portée d'afpirer aux graces particulierement réfervées aux gens d'une naiffance diftinguée, les témoignages qui me font revenus fur fon compte, me donnent lieu de croire qu'il en eft fufceptible par fes qualités perfonnelles. Je vous prie donc d'être perfuadé que j'aurai toute l'attention que vous pouvez défirer à le propofer au Roi, lorfqu'il vaquera des Régimens, & qu'il ne tiendra pas à moi qu'il ne fe reffente bientôt de l'envie que j'ai de vous marquer, en fa perfonne, le fincere attachement avec lequel j'ai l'honneur d'être, Monfieur, votre très-humble & très-obéiffant ferviteur,

LE DUC DE CHOISEUL.

9 782019 929596